AF448585

9 789948 795407

سارة الحاطي، أمٌّ لثلاثة أطفال (ميس وسالي وريما)، درسَتِ التَّرجمة.. شَغِفَةٌ بالقراءة خاصَّةً بكلِّ ما يتعلَّق بالطفل والطفولة.

محمد

في عيون أحبابه

سارة الحاطي

AUSTIN MACAULEY PUBLISHERS™

LONDON • CAMBRIDGE • NEW YORK • SHARJAH

الرقم الدولي الموحد للكتاب 9789948795407 (الغلاف المقوى)

الرقم الدولي الموحد للكتاب 9789948795414 (كتاب إلكتروني)

رقم الطلب: MC-10-01-0732512

التصنيف العمري: 9-6

تم تصنيف وتحديد الفئة العمرية التي تلائم محتوى الكتب وفقاً لنظام التصنيف العمري الصادر عن وزارة الثقافة والشباب.

الطبعة الأولى 2023

أوستن ماكولي للنشر م. م. ح

مدينة الشارقة للنشر

صندوق بريد [519201]

الشارقة، الإمارات العربية المتحدة

www.austinmacauley.ae

+971 655 95 202

الإهداء

إلى عائلتي.. أُمِّي وأبي وزوجي وبناتي.

طِفلِي القَارِئَ الرَّائِعَ.. حَافِظ عَلَى هَذِهِ القِصَّةِ الجَمِيلَةِ، وَلَا تَرمِهَا احتِرَامًا لِاسمِ اللهِ وَرَسُولِهِ اللَّذَينِ ذُكِرَا فِيهَا.

قِصَّتُنَا اليَومَ عَنِ الرَّسُولِ مُحَمَّدٍ (صَلَّى اللهُ عَلَيهِ وَسَلَّمَ)، أَحَبَّهُ اللهُ فَأَحَبَّهُ كُلُّ النَّاسِ.

مِن حُبِّ النَّاسِ الكَبِيرِ لَهُ سَمَّوا أَولَادَهُم بِاسمِهِ.. كَم شَخصًا تَعرِفُهُ اسمُهُ مُحَمَّدٌ! الكَثِيرُ.. أَلَيسَ كَذَلِكَ؟

وَالآنَ.. هَل تُرِيدُ أَن تَعرِفَ لِمَاذَا كَانَ مَحبُوبًا مِنَ الجَمِيعِ يَا تُرَى؟! هَيَّا تَعَالَ يَا صَدِيقِي، لِنَقرَأ قِصَصًا يَروِيهَا أَحبَابُ مُحَمَّدٍ صَلَّى اللهُ عَلَيهِ وَسَلَّمَ، وَكَيفَ كَانَ يُعَامِلُهُم وَيُحِبُّهُم.. هَيَّا بِنَا نَبدَأُ الرِّحلَةَ!

أُخْتُ رَسُولِ اللَّهِ

أَنَا الشَّيمَاءُ بِنتُ الحَارِثِ أُختُ الرَّسُولِ بِالرَّضَاعَةِ.. أَرضَعَته أُمِّي حَلِيمَةُ السَّعدِيَّةُ عِندَمَا كَانَ صَغِيرًا عِندَنَا، وَعَاشَ مَعَنَا حَتَّى أَصبَحَ عُمُرُهُ أَربَعَ سَنَوَاتٍ.

كُنتُ أَحمِلُهُ دَائِمًا عَلَى كَتِفِي، وَفِي مَرَّةٍ عَضَّنِي وَتَرَكَتِ العَضَّةُ عَلَامَةً عَلَى كَتِفِي.

أَحبَبتُهُ كَثِيرًا.. كَثِيرًا، وَأَحبَّنِي رَسُولُ اللهِ (صَلَّى اللهُ عَلَيهِ وَسَلَّمَ) كَثِيرًا.. لَمَّا رَآنِي رَسُولُ اللهِ بَعدَ سِنِينَ طِوَالٍ فَرِحَ فَرَحًا عَظِيمًا، فَاحتَضَنَنِي وَفَرَشَ ثَوبَهُ لِأَجلِسَ عَلَيهِ احتِرَامًا وَتَقدِيرًا لِي.

هَكَذَا كَانَ رَسُولُ اللهِ (صَلَّى اللهُ عَلَيهِ وَسَلَّمَ) مَعَ أُختِهِ يُحِبُّهَا وَيَحتَرِمُهَا.

صَدِيقِي القَارِئَ الرَّائِعَ، هَل لَدَيكَ أَعمَامٌ أَو أَخوَالٌ؟
مَا أَسمَاؤُهُم؟ وَهَل تَحتَرِمُهُم؟

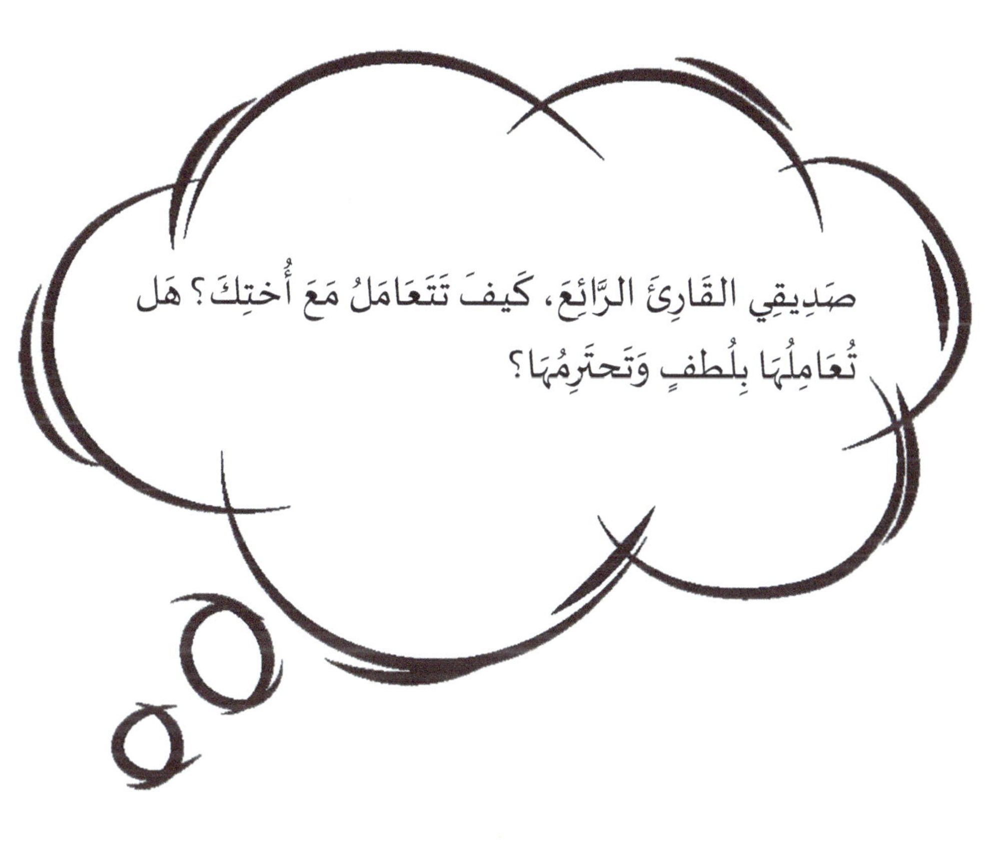

صَدِيقِي القَارِئَ الرَّائِعَ، كَيفَ تَتَعَامَلُ مَعَ أُختِكَ؟ هَل
تُعَامِلُهَا بِلُطفٍ وَتَحتَرِمُهَا؟

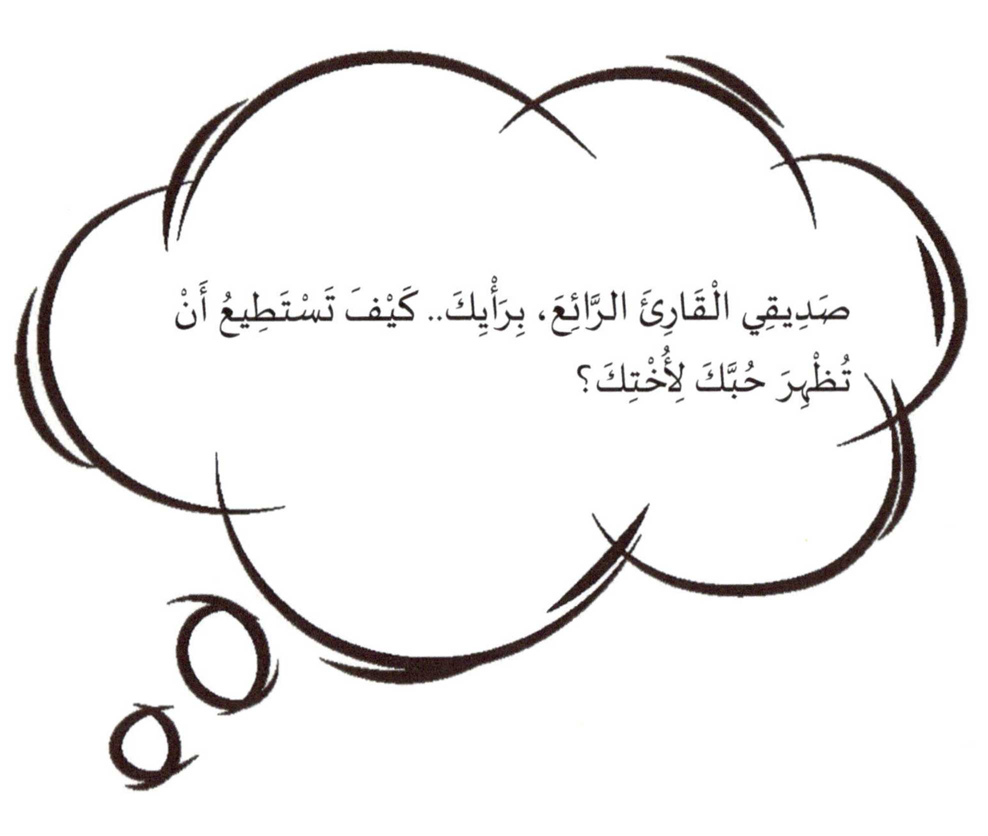

صَديقِي الْقارِئَ الرَّائِعَ، بِرَأْيِكَ.. كَيْفَ تَسْتَطيعُ أَنْ تُظْهِرَ حُبَّكَ لِأُخْتِكَ؟

عَمُّ رَسُولِ اللَّهِ

اسْمِي العَبَّاسُ بنُ عَبدِ المُطَّلِبِ، عَمُّ رَسُولِ اللهِ (صَلَّى اللهُ عَلَيهِ وَسَلَّمَ)، أَحبَبتُ رَسُولَ اللهِ (صَلَّى اللهُ عَلَيهِ وَسَلَّمَ) كَثِيرًا، وَكَانَ رَسُولُ اللهِ (صَلَّى اللهُ عَلَيهِ وَسَلَّمَ) يَحتَرِمُنِي كَثِيرًا، فَكَانَ يَقُولُ لِمَن يُغضِبُنِي: "مَن آذَى عَمِّي فَقد آذَانِي، فَإِنَّمَا عَمُّ الرَّجُلِ صِنوُ أَخِيهِ"، أَيْ: إِنَّ حُبَّهُ لِعَمِّهِ كَحُبِّه لِأَبِيهِ.
هَكَذَا كَانَ رَسُولُ اللهِ (صَلَّى اللهُ عَلَيهِ وَسَلَّمَ) يُحِبُّ أعمَامَهُ وَيَحتَرِمُهُم.

صَدِيقِي القَارِئَ الرَّائِعَ، هَل لَدَيكَ أَعمَامٌ أَو أَخوَالٌ؟ مَا أَسمَاؤُهُم؟ وَهَل تَحتَرِمُهُم؟

صَدِيقِي الْقَارِئَ الصَّغِيرَ، بِرَأْيِكَ..
كَيْفَ يُمْكِنُ أَنْ تُعَبِّرَ عَنْ حُبِّكَ وَاحْتِرَامِكَ لِأَعْمَامِكَ؟

الطِّفلُ عُمَيرٌ مَعَ رَسُولِ اللّهِ

اسمِي أَبُو عُمَيرٍ، عُمري ثَلاثُ سَنَوَاتٍ، وَأَخِي أَنَسُ بنُ مَالِكٍ.
زَارَنَا رَسُولُ اللهِ (صَلَّى اللهُ عَلَيهِ وَسَلَّمَ) في مَنزِلِنَا، فَرَآنِي أَبكِي عَلَى عُصفُورِي الَّذِي مَاتَ، فَمَازَحَني رَسُولُ اللهِ (صَلَّى اللهُ عَلَيهِ وَسَلَّمَ)، وَقَالَ لِي بِلُطفٍ وَحَنَانٍ: "يَا أَبَا عُمَيرٍ! مَا فَعَلَ النُّغَيرُ؟" أَيْ: يَا أَبَا عُمَيرٍ! مَاذَا حَدَثَ لِلعُصفُورِ الصَّغِيرِ؟
فَفَرِحتُ كَثِيرًا لِأَنَّهُ حَاوَلَ مُمَازَحَتِي وَإِضحَاكِي، وَهَوَّنَ عَلَيَّ حُزنِي عَلَى عُصفُورِي.
هَكَذَا كَانَ رَسُولُ اللهِ (صَلَّى اللهُ عَلَيهِ وَسَلَّمَ) مَعَ الأَطفَالِ مُحِبًّا لَهُم، وَحَنُونًا عَلَيهِم.

صَدِيقِي القَارِئَ الصَّغِيرَ، هَل أَنتَ لَطِيفٌ مَعَ غَيرِكَ خَاصَّةً مَعَ الأَطفَالِ؟
هَل أَنتَ لَطِيفٌ مَعَ أَخِيكَ أَو أُختِكَ أَو قَرِيبِكَ الصَّغِيرِ؟

صَدِيقِي القَارِئَ الرَّائِعَ، بِرَأيِكَ.. مَاذَا يُمكِنُ أَن
تَفعَلَ إِذَا رَأيتَ أَخَاكَ أَوْ أُختَكَ أَوْ صَدِيقَكَ حُزَنَاءَ؟
مَاذَا يُمكِنُ أَن تَفعَلَ لِتُهَوِّنَ عَلَيهِم؟

صَاحِبُ رَسُولِ اللَّهِ

اسْمِي زَاهِرُ بنُ حَرَامٍ الأَشجَعِيُّ، أَسكُنُ فِي الصَّحرَاءِ، كُنتُ أُقَدِّمُ الهَدَايَا لِرَسُولِ اللهِ (صَلَّى اللهُ عَلَيهِ وَسَلَّمَ) دَائِمًا، فَيَقبَلُهَا رَسُولُ اللهِ (صَلَّى اللهُ عَلَيهِ وَسَلَّمَ)، وَيَفرَحُ بِهَا كَثِيرًا، وَيُهدِينِي الهَدَايَا الجَمِيلَةَ أَيضًا، وَأَفرَحُ بِهَا كَذَلِكَ.

فِي مَرَّةٍ مِنَ المَرَّاتِ كُنتُ فِي السُّوقِ، فَرَآنِي رَسُولُ اللهِ (صَلَّى اللهُ عَلَيهِ وَسَلَّمَ)، فَاحتَضَنَنِي مِنَ الخَلفِ وَلَم أَرَهُ، فَقُلتُ: مَن هَذَا؟ فَعَرَفتُ أَنَّهُ مُحَمَّدٌ رَسُولُ اللهِ، فَبَدَأَ يَمزَحُ مَعِي رَسُولُ اللهِ (صَلَّى اللهُ عَلَيهِ وَسَلَّمَ) وَيَقُولُ: مَن يَشتَرِي هَذَا العَبدَ؟

فَقُلتُ لَهُ: بَل تَجِدُنِي كَاسِدًا يَا رَسُولَ اللهِ، أَي: لَن يُرِيدَ أَحَدٌ أَن يَشتَرِيَنِي.

فَقَالَ لِي رَسُولُ اللهِ (صَلَّى اللهُ عَلَيهِ وَسَلَّمَ): بَل أَنتَ عِندَ اللهِ لَستَ بِكَاسِدٍ، أَي إِنَّكَ غَالٍ عِندَ اللهِ، وَاللهُ يُحِبُّكَ.

هَكَذَا كَانَ رَسُولُ اللهِ (صَلَّى اللهُ عَلَيهِ وَسَلَّمَ) لَطِيفًا مَعَ أصحَابِهِ، يُمَازِحُهُم بِوُدٍّ وَلُطفٍ.

صَدِيقِي القَارِئَ الصَّغِيرَ، مَا اسمُ صَدِيقِكَ المُفَضَّلِ؟ هَل تَمزَحُ مَعَه وَتُعامِلُهُ بِلُطفٍ دَائِمًا؟

صَدِيقِي القَارِئَ الرَّائِعَ، بِرَأْيِكَ.. كَيفَ يَجِبُ أَن
يَكُونَ مِزَاحُنَا مَعَ الأَصدِقَاءِ؟ هَل يَكُونُ بِلُطفٍ؟ أَم
بِالعُنفِ وَالتَّخويفِ بِاسمِ المِزَاحِ؟

خَادِمُ رَسُولِ اللّه

اسْمِي أَنَسُ بنُ مَالِكٍ، بَدَأْتُ بِخِدمَةِ رَسُولِ اللهِ (صَلَّى اللهُ عَلَيهِ وَسَلَّمَ) وَعُمُري عَشْرُ سَنَوَاتٍ.

كَانَ رَحِيمًا بِي، وَفِي إحدَى المَرَّاتِ، أَرسَلَني رَسُولُ اللهِ لِأَمرٍ، فَخَرَجتُ وَرَأيتُ بَعضَ الأَصدِقَاءِ، فَبَدَأْتُ بِاللَّعِبِ مَعَهُم، وَفَجأَةً شَعَرتُ بِأَحَدٍ يُمسِكُ بِي، فَإذَا بِهِ رَسُولُ اللهِ (صَلَّى اللهُ عَلَيهِ وَسَلَّمَ)، فَقَالَ لِي ضَاحِكًا: يَا أُنَيسُ، هَل ذَهبتَ إلَى حَيثُ أَرسَلتُكَ؟ فَارتَبَكتُ وَقُلتُ: أَنَا ذَاهِبٌ الآنَ يَا رَسُولَ اللهِ.

لَم يَصرُخْ بِي أَو يُعَاقِبْنِي، بَل نَبَّهَني وَذَكَّرَني بِعَمَلِي بِلُطفٍ. هَكَذَا كَانَ رَسُولُ اللهِ مَعَ خَادِمِيهِ رَحِيمًا وَعَطُوفًا وَلَطِيفًا.

صَدِيقِي القَارِئَ الصَّغِيرَ، كَيفَ تُعَامِلُ الخَدَمَ
فِي مَنزِلِكَ؟
هَل تُحَاوِلُ مُسَاعَدَتَهُم أَوْ تُخَفِّفُ عَنهُم
مَسْئُولِيَّاتِهِم؟

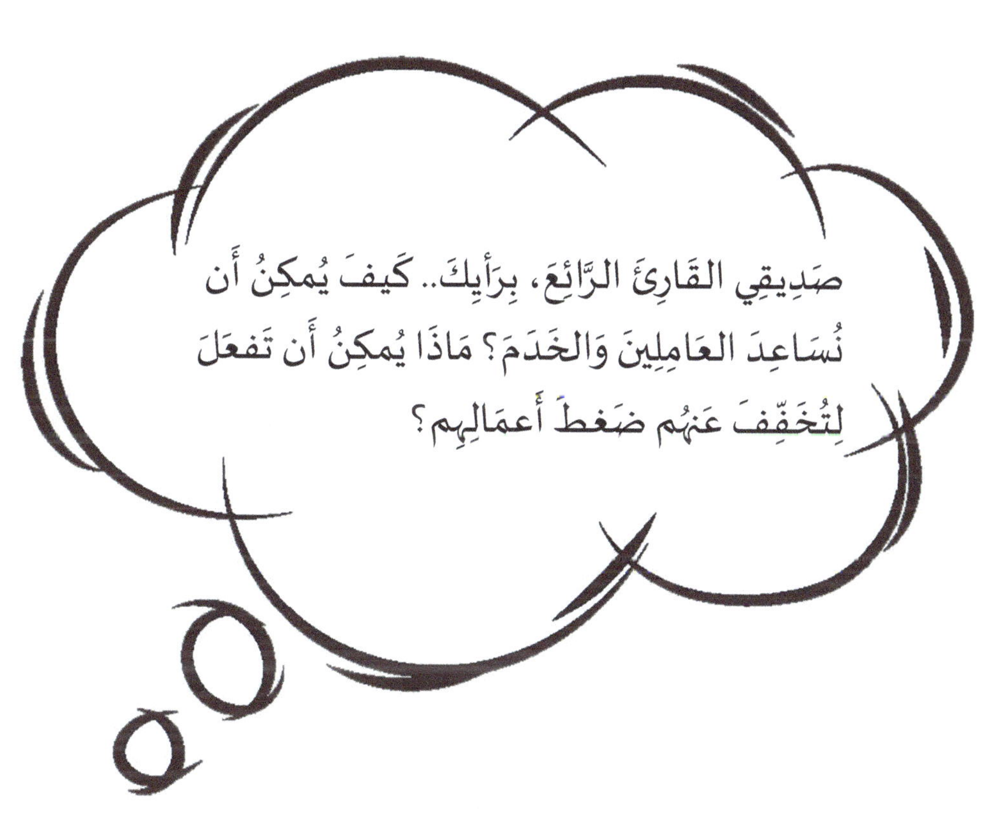

صَدِيقِي القَارِئَ الرَّائِعَ، بِرَأيِكَ.. كَيفَ يُمكِنُ أن نُسَاعِدَ العَامِلِينَ والخَدَمَ؟ مَاذَا يُمكِنُ أن تَفعَلَ لِتُخَفِّفَ عَنهُم ضَغطَ أعمَالِهِم؟

انتَهَت قِصَصُنَا اليَومَ مَعَ مَواقِفِ رَسُولِ اللهِ (صَلَّى اللهُ عَلَيهِ وَسَلَّمَ) مَعَ أحبَابِهِ، هَل شَعَرتَ بِلُطفِهِ؟ هَل رَأيتَ أَدَبَهُ وَخُلُقَهُ؟ أحببتَه.. أَليسَ كَذَلِكَ؟ مَا رَأيُكَ إِذًا أن نَقتَدِيَ بِهِ؟ نَقتَدِي بِهِ تَعني، أن نَعمَلَ أَنَا وَأنتَ مَعًا مِثلَمَا عَمِلَ رَسُولُ اللهِ فِي حَيَاتِهِ، وَنُحَدِّثَ أَصدِقَاءَنَا عَنهُ أيضًا لِيَنضَمُّوا إِلَينَا.. مَا رَأيُكَ يَا صَدِيقِي؟